Magic Cooking

HILDEGARD MÖLLER

NEUES AUS DEM VEGAN-WOK

DIE REZEPTKAPITEL:

Ein bisschen zaubern können ... mit **MAGIC TIPPS** und vielen weiteren Features, die dich kreativ, schlau und glücklich machen: Mache ein grünes Curry so richtig grün (s. Seite 42), lerne fantastische Beilagen jenseits von Duft- und Basmati-Reis kennen (s. Seite 15) und verwandle deinen Wok in einen Aromatresor (s. Seite 35).

SIMSALAMAGIC

Mein Zauberkasten fürs vegane Wokken!

ICH KOCHE, seit ich denken kann. Und fast ebenso lange rühre und wirble ich begeistert im Wok. Für mich ist das wie eine kleine Meditationseinheit im stressigen Alltag. Vegan muss es bei mir nicht immer, darf es aber immer öfter sein. Deswegen werde ich gerne kreativ in Sachen spannende Vegan-Rezepte, bei denen die Geschmacksnerven ins Jubeln kommen!

Von groß bis klein, von preiswert bis teuer, von beschichtet bis Gusseisen – Woks gibt's inzwischen wie Sand am Meer. Meine Gerichte gelingen in allen Modellen, selbst in einer »normalen« Pfanne. Persönlich greife ich am liebsten zum **ASIA-ORIGINAL** aus Gusseisen, weil der meiner Erfahrung nach die beste Hitzeverteilung hat.

Um auch in dir den **KÜCHENZAUBERER** und die Kochmagierin zu wecken und dir beim Schnippeln und Brutzeln einen »Magic Moment« zu verschaffen, habe ich mir zu den Rezepten viele Inspirationen für mehr Geschmack, für schöneres Styling, für mehr Know-how und, und, und ausgedacht – denn alles, was kreativ macht, macht einfach … glücklich!

KOCHMAGIE geht für mich so: wenige gute Zutaten mit verschiedenen Texturen und Aromen spannend neu kombinieren und aufregend würzen. Tierische Produkte ersetzen ist gleich irre viele Zutaten verwenden? Bei mir garantiert nicht!

Geradezu magisch wird das Kochen für mich auch immer dann, wenn Zutaten unterschiedlicher Herkunft im Wok zueinander finden. So kam ich auf die Idee, schwäbische Gemüsemaultaschen mit grüner Currypaste bekannt zu machen. Klingt erst einmal »strange«, schmeckt aber **GROSSARTIG** – siehe Seite 42.

GANZ PUR

SHIITAKE-WOK MIT PAK CHOI UND SOBA

180 g Sobanudeln
Salz
1 Knoblauchzehe
1 Stück Ingwer (ca. 2 cm lang)
2 Frühlingszwiebeln
200 g Shiitake
125 g Baby-Pak-Choi
3 EL Teriyaki-Sauce
3 EL Reiswein
1 EL Limettensaft
2 EL Erdnussöl
Pfeffer
–
Für 2 Personen
30 Min. Zubereitung
Pro Portion ca. 515 kcal

1 Die Sobanudeln nach Packungsanweisung in kochendem Salzwasser garen. Danach in ein Sieb abgießen, dabei 100 ml Kochwasser auffangen und die Nudeln kalt abschrecken.

2 Knoblauch und Ingwer schälen und hacken. Frühlingszwiebeln putzen, waschen und schräg in Scheiben schneiden. Pilze mit Küchenpapier abreiben, die trocknen Stielenden abschneiden, große Exemplare längs halbieren. Pak Choi putzen, waschen, von den Wurzelenden befreien und je nach Größe längs halbieren oder vierteln. Teriyaki-Sauce, Reiswein, Limettensaft und Kochwasser verrühren.

3 Erst den Wok, dann 1 EL Öl darin erhitzen. Knoblauch, Ingwer und Pak Choi darin unter Wenden 1 Min. bei starker Hitze anbraten. Restlichen EL Öl und die Pilze hineingeben. Alles 3 Min. unter Rühren bei starker Hitze weiterbraten. Die Teriyaki-Mischung dazugeben. Die Frühlingszwiebeln und die Nudeln untermischen. Shiitake-Wok mit Salz und Pfeffer abschmecken und servieren.

Meine Zauberformel

für mehr Know-how

Die wertvollsten Inhaltsstoffe der Ingwerknolle befinden sich direkt unter der dünnen Schale. Um möglichst wenig davon wegzunehmen, eignet sich am besten ein Teelöffel zum Abschaben der Schale.

PAPRIKA-WOK MIT FEIGE

150 g asiatische Weizennudeln
Salz
1 frische rote Chilischote
je 1 rote, gelbe und orange Paprika
2 Frühlingszwiebeln
2 reife Feigen (ersatzweise 4 getrocknete Feigen)
1 Bio-Zitrone
4 EL Reiswein
4 EL Reisessig
4 EL Sojasauce
2 EL Ahornsirup
2 EL Erdnussöl
1 Bund Thai-Basilikum

–

Für 2 Personen
35 Min. Zubereitung
Pro Portion ca. 530 kcal

1 Die Nudeln nach Packungsanweisung in Salzwasser garen, kalt abschrecken und abtropfen lassen.

2 Chili waschen, längs halbieren, von Kernen und weißen Trennwänden befreien und fein würfeln. Die Paprika waschen, längs halbieren, von Kernen und weißen Trennwänden befreien und in Streifen schneiden. Frühlingszwiebeln putzen, waschen, in 10 cm lange Stücke und dann längs in Streifen schneiden. Feigen waschen und vierteln (getrocknete Feigen in Streifen schneiden). Zitrone heiß waschen, abtrocknen und 1 TL Schale abreiben. Reiswein, Essig, Sojasauce und Ahornsirup verrühren.

3 Erst den Wok, dann das Öl darin erhitzen. Chili und Paprika dazugeben und bei starker Hitze 3 Min. unter Rühren anbraten. Frühlingszwiebeln zufügen und 1 Min. mitbraten. Feigen, Dressing und Nudeln unterheben und eventuell salzen. Thai-Basilikum waschen, trocken schütteln, die Blätter abzupfen, in Streifen schneiden und mit der Zitronenschale unter den Paprika-Wok rühren.

Meine fantastische Idee

für mehr Geschmack

Für noch mehr Geschmackstiefe in der Balance aus süß, sauer und salzig die Feigen mit dem Reiswein-Dressing übergießen und zugedeckt mindestens 3 Std. ziehen lassen.

Meine Zauberformel

für »To Go«

Gleich die doppelte Menge zubereiten und am nächsten Tag als kalten asiatischen Nudelsalat genießen. Denn gut durchgezogen schmeckt das Wok-Gericht fast noch besser.

RÖST-BROKKOLI MIT NORI-TOPPING

500 g Süßkartoffeln
150 g Kokosmilch
5 EL Teriyaki-Sauce
400 g Brokkoli
2 Knoblauchzehen
2 TL Nori-Flocken
1 TL Chiliflocken
1 TL grobes Meersalz
Pfeffer
1 EL Erdnussöl
1 EL geröstetes Sesamöl
3 EL Reisessig

–

Für 2 Personen
25 Min. Zubereitung
Pro Portion ca. 375 kcal

1 Die Süßkartoffeln waschen, schälen, 2 cm groß würfeln, zusammen mit Kokosmilch und 2 EL Teriyaki-Sauce in einen Topf geben, aufkochen und zugedeckt 15 Min. garen.

2 Den Brokkoli waschen, putzen und in mundgerechte Röschen teilen. Den Stiel schälen und in ca. 1 cm große Würfel schneiden. Den Knoblauch schälen und würfeln. Die Nori-Flocken mit den Chiliflocken und dem Meersalz mischen. Die Süßkartoffelmischung stampfen und mit Pfeffer würzen.

3 Beide Öle im Wok erhitzen. Den Brokkoli hineingeben und bei starker bis mittlerer Hitze ca. 5 Min. anbraten, bis er gebräunt ist. Den Knoblauch dazugeben und 1 Min. mitbraten. Restliche 3 EL Teriyaki-Sauce, den Reisessig und 6 EL Wasser hinzugeben und das Gemüse zugedeckt 5 Min. bei schwacher Hitze garen. Brokkoli auf zwei Teller verteilen und mit dem Nori-Chili-Topping bestreuen. Den Süßkartoffelstampf daneben anrichten.

Meine Prise Magie

für mehr Crunch

20 g Mandeln grob hacken und vorab im heißen Wok in 1 TL Erdnussöl in 3 Min. rösten, bis sie anfangen zu duften. Die Mandeln herausnehmen und mit dem Chili-Nori-Meersalz mischen. Dieses Topping über das fertige Gericht streuen.

Von cremig bis körnig

NEUE BEILAGEN-INSPIRATIONEN

MEHR ALS NUR REIS

Klar ist Reis **DAS** klassische Beiwerk auf dem Teller für Currys und Co. Aber Hand aufs Herz: Aus dem umfangreichen Beilagen-Back-up lassen sich auch mit Kartoffeln, Hülsenfrüchten und Getreide spannende sowie fantastisch gewürzte Wok-Begleiter in verschiedenen Texturen zaubern, die alles andere sind als nur Nebensache.

DAS WHO IS WHO AUS DER KÖRNIGEN SZENE

Je **1 TL Samen und Saaten** wie Kreuzkümmelsamen, Korianderkörner und Senfkörner im Mörser mahlen. Je **1 gewürfelte Zwiebel** und **Knoblauchzehe** sowie **1 kleine, entkernte und gewürfelte rote Chilischote** in **1 EL Öl** anbraten, zerstoßene Gewürze und **150 g rote, gelbe, braune oder schwarze Linsen, Quinoa, Hirse oder Couscous** zugeben, dann mit **450 ml Gemüsebrühe** auffüllen und garen.

SÜSSKARTOFFEL-STAMPF MIT CRISPY CRUNCH

500 g gekochte Süßkartoffeln stampfen und mit **2 TL Garam Masala** sowie **Salz** würzen. **4 geschälte Knoblauchzehen** in Scheiben schneiden und in **1 Öl** goldbraun braten, sodass der Knoblauch knusprig wird und ein süßliches Aroma erhält. Knoblauch mit **4 EL Olivenöl** auffüllen, 5 Min. ziehen lassen und das Aromaöl samt Knoblauch über den Stampf träufeln. Mit grobem Meersalz bestreuen.

KARTOFFEL-SPAGHETTI MIT WOW-EFFEKT

500 g sehr große, geschälte Kartoffeln in 1–2 mm feine Streifen schneiden, 10 Min. wässern, abtropfen lassen. **1 rote oder grüne Paprika, 2 Frühlingszwiebeln, 1 getrocknete rote Chili** und **2 Knoblauchzehen** putzen bzw. schälen und in 2 mm feine Streifen schneiden. **4 EL Öl** im Wok erhitzen, Knoblauch, Chili und Frühlingszwiebeln 30 Sek. rührbraten, Kartoffelstreifen hinzugeben und 3 Min. unter stetigem Wenden mitbraten. **3 EL Weißweinessig** unterrühren, Paprika zugeben, 2 Min. weiterbraten, salzen, pfeffern und herausnehmen.

GEBRATENE KOHLRABI MIT NAM PRIK

1 Stück Ingwer (ca. 2 cm lang)
1 Knoblauchzehe
1 frische rote Chilischote
1 EL Sojasauce
2 EL Ahornsirup
1 EL Limettensaft
1 EL Tamarindenpaste
60 g Kirschtomaten
½ Bund Koriandergrün
160 g Jasmin-Reis
Salz
600 g Kohlrabi
2 EL Erdnussöl
1 EL grobes Meersalz
–
Für 2 Personen
40 Min. Zubereitung
Pro Portion ca. 510 kcal

1 Für das Nam Prik (thailändische Chilisauce) den Ingwer und den Knoblauch schälen und fein würfeln. Die Chilischote waschen, längs halbieren, von weißen Trennwänden und Kernen befreien und fein würfeln. Ingwer, Knoblauch und Chili mit Sojasauce, Ahornsirup, Limettensaft und Tamarindenpaste verrühren. Die Kirschtomaten waschen, fein würfeln und unterrühren. Das Koriandergrün waschen, trocken schütteln, Blättchen abzupfen, diese grob hacken und unter die Chilisauce rühren.

2 Den Jasmin-Reis nach Packungsanweisung in Salzwasser kochen. Inzwischen Kohlrabi schälen und in ca. 1,5 cm große Würfel schneiden. Das Öl im Wok erhitzen und die Kohlrabiwürfel darin bei mittlerer Hitze 10–15 Min. unter Rühren goldbraun rösten, bis das Gemüse fast gar ist.

3 Kohlrabi auf zwei Tellern anrichten und mit grobem Meersalz bestreuen. Das Nam Prik darauf verteilen. Den Reis dazu reichen.

Meine Zauberformel

für »Zero Waste«

Kohlrabiblätter enthalten mehr Vitamin C und Magnesium als die Knolle selbst. Deshalb die Blätter nicht wegwerfen, sondern in chipsgroße Stücke reißen. 2 EL Erdnussöl im Wok erhitzen und die Blätter darin 2 Min. unter Wenden braten, dann herausnehmen, auf Küchenpapier entfetten, mit grobem Meersalz und grob gemahlenem Pfeffer bestreuen. Auf dem fertigen Gericht verteilen.

Meine Zauberformel

für schönes Food

Die Spargelstangen nicht in Stücke schneiden, sondern längs vierteln, Frühlingszwiebeln in 10 cm lange Stücke schneiden. Spargel und Frühlingszwiebeln 6 Min. zugedeckt braten, ab und zu umrühren. Dann wie im Rezept beschrieben fortfahren.

SPARGEL-NUDEL-WOK MIT MACADAMIA

250 g grüner Spargel
2 Frühlingszwiebeln
1 Knoblauchzehe
1 Stück Ingwer (ca. 2 cm lang)
1 frische rote Chilischote
1 Bio-Limette
25 g Macadamianusskerne
150 g asiatische Weizennudeln
Salz
½ TL grobes Meersalz
2 EL Erdnussöl
1 TL Misopaste
–
Für 2 Personen
40 Min. Zubereitung
Pro Portion ca. 480 kcal

1 Den Spargel waschen, im unteren Drittel schälen und die holzigen Enden abschneiden. Die Stangen schräg in 5 cm lange Abschnitte schneiden. Die Frühlingszwiebeln putzen, waschen und schräg in ca. 3 cm lange Stücke schneiden. Den Knoblauch und den Ingwer schälen und fein hacken. Die Chilischote waschen, putzen, längs halbieren, von weißen Trennwänden und Kernen befreien und fein würfeln. Die Limette heiß waschen, abtrocknen und 1 TL Schale abreiben. Die Macadamianüsse grob hacken.

2 Die Nudeln nach Packungsanweisung in Salzwasser kochen, danach abgießen und ca. 50 ml Kochwasser auffangen. Die Nudeln kalt abschrecken, abtropfen lassen und mit dem Messer kleiner schneiden. Die gehackten Macadamianüsse im Wok ohne Fett 2 Min. rösten, bis sie anfangen zu duften. Herausnehmen und mit grobem Meersalz mischen.

3 Das Öl im Wok erhitzen. Den Spargel darin zugedeckt ca. 10 Min. bei schwacher bis mittlerer Hitze braten. Zwischendurch umrühren. Chili, Knoblauch, Ingwer und Frühlingszwiebeln zugeben und 2 Min. mitbraten. Die Misopaste mit 2 EL Nudelkochwasser verrühren und zusammen mit Limettenschale, restlichen 30 ml Nudelkochwasser und Nudeln unterrühren. Den Spargel-Wok auf zwei Tellern anrichten und mit der Macadamia-Salz-Mischung bestreuen.

SPITZKOHL MIT TANDOORI-KICHERERBSEN

50 g Langkornreis
Salz
1 Dose Kichererbsen
(ca. 240 g Abtropfgewicht)
1 EL Garam Masala
1 EL rosenscharfes Paprikapulver
2 Knoblauchzehen
1 getrocknete Chilischote
300 g Spitzkohl
2 EL Erdnussöl
1 TL Fenchelsamen
1 TL edelsüßes Paprikapulver
400 ml Gemüsebrühe
1 Briefchen Safranfäden (0,1 g)
–
Für 2 Personen
35 Min. Zubereitung
Pro Portion ca. 430 kcal

1 Den Reis nach Packungsanweisung in Salzwasser garen. Die Kichererbsen in ein Sieb abgießen, kalt abspülen, abtropfen lassen und auf Küchenpapier ausbreiten. Kichererbsen mit Küchenpapier trocken tupfen, dann in eine Schüssel geben und mit Garam Masala sowie scharfem Paprikapulver mischen.

2 Den Knoblauch schälen und würfeln. Die Chili längs halbieren, entkernen und in feine Streifen schneiden. Kohl waschen, putzen, vom Strunk befreien und in 2 cm breite Streifen schneiden.

3 Erst den Wok, dann 1 EL Öl darin erhitzen, die Kichererbsen darin unter Wenden in 5–7 Min. bei starker Hitze rösten, dann herausnehmen. Restlichen EL Öl erhitzen und die Fenchelsamen darin anrösten. Knoblauch und Chili zugeben, 45 Sek. mitbraten und mit edelsüßem Paprikapulver bestäuben. Brühe angießen. Safran und Kohl zugeben und diesen bei mittlerer bis schwacher Hitze zugedeckt 5 Min. garen.

4 Die Kichererbsen und den Reis auf zwei Schalen verteilen und mit Spitzkohl-Brühe auffüllen.

Meine fantastische Idee

für einfaches Zubereiten

Die etwas ledrigen getrockneten Chilis nicht mit dem Messer, sondern mit der Schere aufschneiden, entkernen und in feine Streifen schnippeln.

IT'S MAGIC!

Das Gericht in einen veganen Fisch-Wok verwandeln: Als Fischersatz 100 g Auberginen in 1 cm dicke, längliche Scheiben und diese in mundgerechte Stücke schneiden. In einen kleinen Topf geben. 1 Noriblatt in 5 mm breite Streifen schneiden, mit 200 ml Wasser, 1 EL Weißweinessig und 1 Prise Salz dazugeben. Den Topfinhalt aufkochen und 5 Min. bei schwacher Hitze dünsten. Auberginen vom Herd nehmen und mindestens 2 Std., besser über Nacht abgedeckt ziehen lassen. Auberginen samt Einweichwasser und Nori-Algen am Schluss in den Spitzkohl-Safran-Wok geben.

KARAMELLISIERTER LAUCH MIT TEMPEH

400 g Lauch
100 g Tempeh
5 TL Ahornsirup
7 EL Reisessig
5 TL Misopaste
3 TL Sambal Oelek
150 g Udon-Nudeln
Salz
2 EL Erdnussöl
–
Für 2 Personen
40 Min. Zubereitung
Pro Portion ca. 515 kcal

Meine Prise Magie

für maximales Aroma

Zur karamellisierten Süße des Lauchs passt perfekt der zitronige Duft von Limetten. Limonenöl sorgt für eine erfrischende Note. 1 TL Bio-Limettenschale am Schluss unterrühren.

1 Vom Lauch die Wurzelenden und die oberen dunkelgrünen Enden abschneiden. Die äußere Schicht entfernen. Die Stangen waschen, trocken tupfen und schräg in 6 cm lange Stücke schneiden. Den Tempeh in grobe Stücke bröckeln. Den Ahornsirup mit Essig, Misopaste und Sambal Oelek verrühren.

2 Die Nudeln nach Packungsanweisung in Salzwasser garen, dann in ein Sieb abgießen, dabei ca. 50 ml Kochwasser auffangen.

3 Erst den Wok, dann 1 EL Öl erhitzen. Den Tempeh dazugeben und 3 Min. bei starker Hitze hellbraun anbraten. Ein Drittel des Essig-Miso-Mix unterrühren. Tempeh aus dem Wok nehmen.

4 Den restlichen EL Öl erhitzen und den Lauch darin bei starker Hitze 1 Min. anbraten, dann zugedeckt bei schwacher Hitze 12–15 Min. weiterbraten, bis der Lauch gebräunt und weich ist. Zwischendurch wenden. Danach ein weiteres Drittel Saucenmix unterrühren, 30 Sek. weiterschmoren.

5 Den Lauch mit Nudeln und Tempeh mischen. Den restlichen Saucenmix und 2–4 EL Nudel-Kochwasser unterrühren. Lauchmischung zugedeckt bei schwacher Hitze 1 Min. ziehen lassen. Nach Belieben dunkelgrüne Lauchteile in 8 cm lange, feine Streifen schneiden, mit 1 TL Stärke und je ½ TL Salz und Pfeffer mischen, in 1 EL Öl ca. 2 Min. unter Wenden leicht bräunen und auf das fertige Gericht geben.

GANZ KLASSISCH

ROTES THAI-CURRY MIT SEITAN

150 g Jasmin-Reis
Salz
1 Zwiebel
1 Knoblauchzehe
1 Stück Ingwer (ca. 2 cm lang)
150 g Baby-Pak-Choi
1 Möhre
1 rote Paprika
200 g Seitan
2 EL Erdnussöl
1 TL rote Currypaste
200 g Kokosmilch
100 ml Gemüsebrühe
1 EL Sojasauce
1 EL Limettensaft
–
Für 2 Personen
30 Min. Zubereitung
Pro Portion ca. 545 kcal

1 Den Reis nach Packungsanweisung in Salzwasser garen. Zwiebel, Knoblauch und Ingwer schälen und fein hacken. Den Pak Choi putzen, waschen und die Wurzelenden knapp abschneiden. Die Stauden je nach Größe längs halbieren oder vierteln. Die Möhre schälen und schräg in dünne Scheiben schneiden. Die Paprika waschen, längs halbieren, von weißen Trennwänden und Kernen befreien und anschließend in dünne Streifen schneiden. Den Seitan in ca. 1 cm breite Scheiben schneiden.

2 1 EL Öl im Wok erhitzen. Den Seitan darin bei mittlerer bis starker Hitze in 4 Min. unter Rühren knusprig braten, dann herausnehmen.

3 Den restlichen EL Öl im Wok erhitzen. Zwiebel, Knoblauch, Ingwer, Möhre und Paprika hineingeben und alles ca. 3 Min. unter Rühren braten. Die Currypaste einrühren und ca. 15 Sek. mitbraten. Kokosmilch, Brühe, Sojasauce und Limettensaft einrühren. Pak Choi mit der Schnittfläche nach unten in den Wok legen und zugedeckt bei schwacher Hitze 4–5 Min. garen. Den Seitan untermischen und das Curry zusammen mit dem Jasmin-Reis servieren.

Meine Prise Magie

für maximales Aroma

Die Currypaste wird mitangebraten, damit die darin enthaltenen Gewürze ihren Geschmack so richtig entwickeln können. Dabei gilt: Je länger die Paste angebraten wird, desto schärfer wird das Curry. Darauf achten, dass die Paste nicht verbrennt, denn dann schmeckt sie bitter.

TOFU KUNG PAO

Meine Zauberformel

für mehr Aroma

Für eine noch intensivere Süßsauer-Note ein Topping mit sauer eingelegten Zwiebeln zubereiten: Hierfür 1 rote Zwiebel halbieren und in feine Streifen schneiden. Mit 1 EL Reisessig, 1 EL Agavendicksaft und ½ TL Salz mischen und mindestens 2 Std. ziehen lassen. Auf dem fertigen Gericht verteilen.

200 g Tofu
6 EL Sojasauce
2 EL Ahornsirup
2 EL Reisessig
3 EL Orangensaft
1 EL Tomatenmark
1 TL Chiliflocken
3 EL Maisstärke
2 Knoblauchzehen
1 Stück Ingwer (ca. 2 cm lang)
2 Frühlingszwiebeln
1 rote Paprika
1 Zucchino
150 g Basmati-Reis
Salz
2 EL Erdnussöl
2 EL geröstetes Sesamöl
–
Für 2 Personen
30 Min. Zubereitung
Pro Portion ca. 755 kcal

1 Den Tofu zwischen mehrere Lagen Küchenpapier legen, mit einem Topf oder einer Packung Mehl beschweren und 15 Min. auspressen.

2 Inzwischen für die süßsaure Sauce 200 ml Wasser zusammen mit 4 EL Sojasauce, Ahornsirup, Essig, Orangensaft, Tomatenmark, Chiliflocken und 1 EL Maisstärke in eine Schüssel geben und mit dem Schneebesen glatt verrühren.

3 Knoblauch und Ingwer schälen und hacken. Die Frühlingszwiebeln putzen, waschen und schräg in 3 cm lange Stücke schneiden. Die Paprika waschen, längs halbieren, von weißen Trennwänden und Kernen befreien und in Streifen schneiden. Den Zucchino putzen, waschen und in 5 mm dicke Scheiben schneiden. Den Reis nach Packungsanweisung in Salzwasser garen.

4 Den Tofu in 2 cm große Würfel schneiden. Tofuwürfel mit den restlichen 2 EL Stärke und ½ TL Salz in eine verschließbare Box geben und vorsichtig schütteln, bis die Würfel gleichmäßig paniert sind.

5 Das Erdnussöl in einer beschichteten Pfanne erhitzen und den Tofu darin bei mittlerer Hitze von allen Seiten in ca. 8 Min. hellbraun anbraten. Die restlichen 2 EL Sojasauce unterrühren, den Tofu 15 Sek. weiterbraten und aus der Pfanne nehmen.

6 Das Sesamöl im Wok erhitzen. Knoblauch, Ingwer, Paprika und Zucchino dazugeben und 3 Min. bei starker Hitze unter Rühren braten. Die Frühlingszwiebeln und den Tofu unterrühren. Die süßsaure Sauce hinzugießen und 1 Min. bei schwacher Hitze köcheln lassen. Tofu und Reis auf Tellern anrichten und servieren.

GEMÜSE-CHOP-SUEY

150 g Basmati-Reis
Salz
1 Glas Bambussprossen
(ca. 170 g Abtropfgewicht)
1 Zwiebel
2 Knoblauchzehen
1 Stange Lauch
je 1 rote und grüne Paprika
3 Stangen Staudensellerie
2 Möhren
1 EL Erdnussöl
150 ml Gemüsebrühe
3 TL Sambal Oelek
3 EL Sojasauce
1 EL Reisessig
1 EL Ahornsirup
–
Für 2 Personen
35 Min. Zubereitung
Pro Portion ca. 465 kcal

1 Den Reis nach Packungsanweisung in Salzwasser garen. Sprossen abgießen und abtropfen lassen.

2 Zwiebel schälen, halbieren und in Streifen schneiden. Knoblauch schälen und fein hacken. Lauch putzen, waschen, längs halbieren, in 5 cm lange Stücke und diese dann längs in feine Streifen schneiden. Paprika waschen, längs halbieren, von weißen Trennwänden und Kernen befreien und in Streifen schneiden. Sellerie putzen, waschen und in Scheiben schneiden. Möhren putzen, schälen und längs halbieren. Die Hälften zuerst in 5 cm lange Stücke, diese dann längs in feine Streifen schneiden.

3 Zuerst den Wok, dann das Öl erhitzen. Knoblauch, Zwiebel, Paprika, Möhren, Lauch und Sellerie darin bei starker Hitze unter ständigem Rühren 3 Min. anbraten. Sprossen zugeben und ca. 1 Min. weiterbraten. Die Brühe hinzugießen. Sambal Oelek, Sojasauce, Reisessig und Ahornsirup unterrühren. Das Gemüse mit Salz abschmecken. Den Reis dazu servieren.

Meine fantastische Idee

für eine passende Gemüse-Alternative

Statt mit Lauch, Paprika, Möhren und Staudensellerie lässt sich das Gericht auch mit 250 g Champignons, 1 Zucchino, 100 g Mungobohnensprossen, 50 g Zuckerschoten, 2 Chinakohlblättern, 3 Frühlingszwiebeln und 6 Mini-Maiskolben zubereiten.

TOFU TIKKA MASALA

200 g Tofu
1 Stück Ingwer (ca. 2 cm lang)
150 g Sojaghurt
2 TL gemahlene Kurkuma
2 TL Garam Masala
2 TL rosenscharfes Paprikapulver
2 TL gemahlener Kreuzkümmel
3 EL Erdnussöl
2 EL Sojasauce
150 g Basmati-Reis
Salz
2 Zwiebeln
2 Knoblauchzehen
1 frische rote Chilischote
½ TL Zimtpulver
8 Curryblätter
1 Dose stückige Tomaten (400 g)
–
Für 2 Personen
30 Min. Zubereitung
Pro Portion ca. 700 kcal

1 Den Tofu zwischen mehrere Lagen Küchenpapier legen, beschweren und ca. 15 Min. auspressen. Den Ingwer schälen und fein würfeln. Sojaghurt, Ingwer und je 1 TL Kurkuma, Garam Masala, Paprikapulver und Kreuzkümmel verrühren.

2 Den Tofu in ca. 2 cm große Würfel schneiden. 2 EL Öl im Wok erhitzen und die Würfel darin bei starker Hitze in ca. 8 Min. hellbraun anbraten. Die Sojasauce unterrühren und 15 Sek. weiterbraten. Den Tofu aus dem Wok nehmen und mit der Sojaghurt-Marinade mischen. Den Reis nach Packungsanweisung in Salzwasser garen.

3 Inzwischen die Zwiebeln und den Knoblauch schälen und würfeln. Die Chilischote waschen, längs halbieren, von weißen Trennwänden und Kernen befreien und fein würfeln.

4 Den restlichen EL Öl im Wok erhitzen. Zwiebeln, Knoblauch und Chili darin ca. 2 Min. bei mittlerer Hitze anbraten. Mit je 1 TL Kurkuma, Garam Masala, Paprikapulver und Kreuzkümmel sowie dem Zimt bestäuben. Die Curryblätter und die Tomaten dazugeben. Die Sauce zugedeckt 5 Min. bei schwacher Hitze köcheln lassen. Danach die Tofu-Sojaghurt-Mischung unterrühren. Tofu Tikka Masala bei Bedarf mit Salz abschmecken, dann mit Reis servieren.

Meine Zauberformel

für lange Haltbarkeit

Wenn man nicht den ganzen Tofu auf einmal verwenden möchte, empfiehlt sich die Aufbewahrung in einer Frischhalte-Box. Den Tofu mit Wasser bedecken und dieses täglich wechseln. Der Tofu wird so vor dem Austrocknen geschützt, behält seine Konsistenz und bleibt ca. 1 Woche haltbar.

Tofu kann auch ...

GESCHMACKS-BOOSTER!

UMAMI PUR

Blass, langweilig und geschmacksneutral? Fehlanzeige! Lange Zeit als schlichter Sojabohnen-Quark ohne viel Eigengeschmack be- und verkannt, performt der vegane Fleischersatz in der Veggie-Küche ganz neu. Denn in **würzigen Marinaden** geht Tofu auf Tauchstation und steigt später umami-betankt wieder auf. Knusprig angebraten, bringt er somit jede Menge Würze auf den Teller.

ERST MAL TROCKEN LEGEN ...

Damit Tofu möglichst viel Marinade aufnehmen kann, muss er vorab trocken gelegt werden. Dafür den Tofublock zwischen mehrere Lagen Küchenpapier legen, mit beispielsweise einem Paket Mehl beschweren und 15 Min. auspressen. Danach in Würfel oder Scheiben schneiden. Auch sehr effektiv: **Natur-Tofu tiefkühlen**. Denn Tofu enthält sehr viel Wasser, welches sich beim Einfrieren ausdehnt, sodass die Tofu-Konsistenz geschmackspositiv beeinflusst wird: Beim Auftauen tritt das Wasser aus, es bleiben im Produkt schwammartige Strukturen zurück, die die Marinade viel besser aufnehmen.

... DANN LANGE EINLEGEN

Das A und O für das erfolgreiche Marinieren von Tofu ist die Zusammensetzung der Marinade. Als Basis für 200 g Tofu 3 EL Sojasauce, 2 EL Reisessig, 1 EL Ahornsirup, 1 EL mittelscharfen Senf und ½ TL Chiliflocken verrühren, Tofuwürfel oder -scheiben hineinlegen und mindestens 20 Min., besser einige Stunden oder **am allerbesten über Nacht** marinieren. No-Go: Öl! Denn dieses bildet einen feinen Film, verschließt die Poren des Tofus und verhindert somit das Eindringen der Marinade.

RÖSTAROMEN FÜRS GESCHMACKSFINALE

Den Tofu nach dem Marinieren im Sieb abtropfen lassen und die Marinade für später auffangen. Den Wok erhitzen und 1 EL Öl hineingeben. Die Tofuwürfel oder -scheiben darin bei starker Hitze ca. 5 Min. **knusprig braten**, zwischendurch wenden. Für den letzten Kick die Tofuwürfel am Schluss mit eventuell übrig gebliebener Marinade oder 2 EL Sojasauce ablöschen und 15 Sek. weiterbraten, bis die Flüssigkeit verdampft ist und die Würfel schön goldbraun sind. Tofu mit Salz und Pfeffer würzen. So wird's auch ohne Marinade knusprig: Tofuwürfel vor dem Braten in Speisestärke wenden, denn die Stärke entzieht dem Tofu Flüssigkeit.

ERDNUSS-CURRY MIT KNUSPER-AUBERGINEN

1 Zwiebel
1 Knoblauchzehe
1 Stück Ingwer (ca. 2 cm lang)
2 mittelgroße Auberginen (ca. 400 g)
1 Möhre
150 g Jasmin-Reis
Salz
3 EL Erdnussöl
1 TL gemahlener Kreuzkümmel
1 Dose stückige Tomaten (400 g)
200 g Kokosmilch
3 EL Erdnussmus
2 TL Sambal Oelek
3 EL Sojasauce
1 EL Agavendicksaft
1 EL Limettensaft
30 g Erdnusskerne (geröstet, gesalzen)
½ Bund Koriandergrün
–
Für 2 Personen
35 Min. Zubereitung
Pro Portion ca. 800 kcal

1 Zwiebel, Knoblauch und Ingwer schälen und würfeln. Die Auberginen waschen und in ca. 1 cm große Würfel schneiden. Die Möhre putzen, schälen und schräg in dünne Scheiben schneiden. Den Reis nach Packungsanweisung in Salzwasser garen.

2 Zuerst den Wok, dann 2 EL Öl darin erhitzen. Die Auberginenwürfel dazugeben und unter Rühren ca. 7 Min. kräftig anbraten, dann herausnehmen. Den restlichen EL Öl in den Wok geben. Zwiebel, Knoblauch, Ingwer und Möhre hinzugeben und 2 Min. bei mittlerer Hitze anbraten. Mit Kreuzkümmel bestäuben. Tomaten und Kokosmilch zugeben. Erdnussmus, Sambal Oelek, Sojasauce, Agavendicksaft und Limettensaft unterrühren. Auberginen unterheben.

3 Die Erdnüsse grob hacken. Das Koriandergrün waschen, trocken schütteln, Blättchen abzupfen, diese grob hacken und mit den gehackten Nüssen auf das Curry streuen. Dieses mit Reis servieren.

Meine fantastische Idee

für DIY-Erdnussmus

Einfach und schnell Erdnussmus selbst herstellen: 75 g Erdnusskerne auf einem Backblech verteilen und im vorgeheizten Backofen 10 Min. bei 150° leicht anrösten. Nüsse zusammen mit 2–3 EL Erdnussöl mit dem Pürierstab zu einem Mus pürieren. Dieses mit Salz abschmecken.

GEBRATENE ASIA-NUDELN

IT'S MAGIC!

Damit die Sojaschnetzel nicht am Wok festkleben, diese beim Abtropfen im Sieb mit einem Esslöffelrücken oder mit den Händen kräftig ausdrücken, um die überschüssige Flüssigkeit zu entfernen. Die »ausgewrungenen« Schnetzel im heißen Öl rührbraten, sodass sie vollständig mit Öl ummantelt sind.

360 ml Gemüsebrühe
50 g grobe Sojaschnetzel
150 g asiatische Weizennudeln
Salz
1 Zwiebel
2 Knoblauchzehen
1 Stück Ingwer (ca. 2 cm lang)
1 frische rote Chilischote
200 g Champignons
2 Frühlingszwiebeln
1 rote Paprika
2 EL Sojasauce
2 EL Reisessig
1 EL Ahornsirup
1 EL Erdnussöl
1 EL geröstetes Sesamöl

–

Für 2 Personen
35 Min. Zubereitung
Pro Portion ca. 540 kcal

1 Die Brühe erhitzen. Die Sojaschnetzel in einer Schüssel mit 180 ml heißer Brühe übergießen, ca. 15 Min. ausquellen lassen, in ein Sieb abgießen und eventuell abtropfende Brühe auffangen. Nudeln nach Packungsanweisung in Salzwasser kochen, abgießen, kalt abschrecken und abtropfen lassen.

2 Zwiebel, Knoblauch und Ingwer schälen und fein hacken. Chili waschen, längs halbieren, von weißen Trennwänden und Kernen befreien und fein würfeln.

3 Die Champignons mit Küchenpapier abreiben und in Scheiben schneiden. Die Frühlingszwiebeln putzen, waschen und schräg in 3 cm lange Stücke schneiden. Die Paprika waschen, längs halbieren, von weißen Trennwänden und Kernen befreien und in Streifen schneiden.

4 Die restliche Brühe mit Sojasauce, Reisessig und Ahornsirup verrühren. Erst den Wok, dann die beiden Ölsorten darin erhitzen. Die Sojaschnetzel hineingeben und ca. 4 Min. unter Rühren bei starker Hitze anbraten. Dann Zwiebel, Knoblauch, Chili und Ingwer unterrühren. Paprika, Pilze und Frühlingszwiebeln hinzugeben und 2 Min. bei mittlerer Hitze mitbraten. Die Soja-Reisessig-Sauce angießen, alles 1 Min. bei schwacher Hitze köcheln lassen. Nudeln untermischen und kurz mitbraten.

Meine fantastische Idee

für erfrischende Würze

Statt Sojasauce, Reisessig und Ahornsirup nach dem Anbraten von Sojaschnetzeln und Gemüse 1 TL säuerlich-scharfe Tom-Yum-Paste unterrühren und 15 Sek. mitbraten. Danach die restliche Brühe zugießen. Die Paste ist in der Asienabteilung erhältlich und besteht aus Zitronengras, Galgant, Knoblauch und Chili. Darauf achten, dass sie keine Sardellen oder Fischsauce enthält.

GANZ KREATIV

GRÜNES MAULTASCHEN-CURRY

1 Zwiebel
1 Knoblauchzehe
1 Stück Ingwer (ca. 2 cm lang)
200 g Brokkoli
100 g grüne extrafeine Bohnen
2 Frühlingszwiebeln
1 EL Erdnussöl
1 TL grüne Currypaste
150 ml Gemüsebrühe
100 g TK-Erbsen
200 g Kokosmilch
1 EL Limettensaft
200 g vegane Maultaschen
Salz | Pfeffer (nach Belieben)
–
Für 2 Personen
35 Min. Zubereitung
Pro Portion ca. 320 kcal

1 Zwiebel, Knoblauch und Ingwer schälen und fein hacken. Den Brokkoli waschen. Den dicken Stiel abschneiden, schälen und ca. 1 cm groß würfeln. Übrigen Brokkoli in Röschen teilen. Bohnen putzen, waschen und halbieren. Frühlingszwiebeln putzen, waschen und in ca. 3 cm lange Stücke schneiden.

2 Erst den Wok, dann das Öl darin erhitzen. Zwiebel, Knoblauch, Ingwer, Bohnen, Brokkoliwürfel und -röschen darin 4 Min. braten. Die Currypaste einrühren und ca. 15 Sek. mitbraten. Die Brühe angießen. Das Gemüse zugedeckt 5 Min. bei mittlerer Hitze garen. Frühlingszwiebeln und gefrorene Erbsen zugeben. Kokosmilch und Limettensaft einrühren. Die Maultaschen dazugeben und das Curry zugedeckt 5 Min. bei schwacher Hitze ziehen lassen, nach Belieben mit Salz und Pfeffer abschmecken, dann auf zwei Tellern anrichten.

IT'S MAGIC!

Für eine besondere Note das Gericht zusätzlich mit 2 EL selbst hergestellter veganer Fischsauce (No-Fish-Sauce) würzen: Hierfür 2 Nori-Blätter (Asienladen) mit einer Schere in Streifen schneiden und mit 250 ml kochend heißem Wasser übergießen, 3 EL Sojasauce und 1 TL Salz hinzugeben und die Mischung mindestens 25 Min. ziehen lassen, danach in ein Sieb abgießen. Die Sauce nach Belieben mit Zucker abschmecken und in ein Schraubglas füllen. Die Sauce ist 2 Monate im Kühlschrank haltbar.

Meine Zauberformel

für schönes Food

Noch grüner wird das schwäbisch-asiatische Fusionsgericht mit grüner Kokosmilch. Hierfür einfach die gefrorenen Erbsen mit Kokosmilch in einen hohen Rührbecher geben, mit dem Pürierstab glatt pürieren und in das Curry einrühren.

FRITTIERTE WAN-TAN-TASCHEN

Meine Prise Magie

für maximales Aroma

Statt der fertig gekauften süßsauren Chilisauce eine pikante Chilisauce mit Orangenaroma herstellen: Hierfür 1 gewürfelte, entkernte frische rote Chili mit 2 cm geschältem und gehacktem Ingwer glasig dünsten, mit 50 ml Reisessig, 50 ml frisch ausgepresstem Orangensaft und 4 EL Agavendicksaft ca. 20 Min. sirupartig einkochen. 1 TL abgeriebene Bio-Orangenschale unterrühren. Abkühlen lassen, dabei dickt die Sauce an.

10 Wan-Tan-Blätter (TK)
1 Zwiebel
1 Knoblauchzehe
1 Stück Ingwer (ca. 2 cm lang)
1 frische rote Chilischote
50 g Lauch
80 g Möhre
20 g Glasnudeln (Vermicelli)
1 EL geröstetes Sesamöl
2 EL Sojasauce
1 EL Reisessig
Salz | Pfeffer
400 ml Öl zum Frittieren
8 EL süßsaure Chilisauce zum Dippen (Fertigprodukt)

–

Für 2 Personen
25 Min. Zubereitung
45 Min. Antauen
Pro Portion ca. 425 kcal

1 Die Wan-Tan-Blätter auf eine Arbeitsfläche legen, mit einem feuchten Tuch bedecken und anschließend ca. 45 Min. antauen lassen.

2 Inzwischen Zwiebel, Knoblauch und Ingwer schälen und fein würfeln. Chili waschen, putzen, längs halbieren, von weißen Trennwänden und Kernen befreien und in feine Streifen schneiden. Lauch und Möhre putzen, waschen, beides in 4 cm lange Stücke, dann längs in feine Streifen schneiden.

3 Die Glasnudeln mit heißem Wasser übergießen und ca. 5 Min. quellen lassen. Die fertigen Nudeln in ein Sieb abgießen und in ca. 4 cm lange Stücke schneiden.

4 Das Sesamöl im Wok erhitzen. Zwiebel, Knoblauch, Ingwer und Chili hineingeben und bei mittlerer Hitze glasig dünsten. Anschließend die Lauch- und die Möhrenstreifen dazugeben, 8 Min. unter Rühren braten, bis das Gemüse weich ist, und mit den Glasnudeln mischen.

5 Die Sojasauce und den Reisessig unter die Nudel-Gemüse-Füllung rühren und diese mit Salz und Pfeffer abschmecken.

6 4 Teigblätter vom Stapel ziehen und nebeneinander auf die Arbeitsfläche legen, die übrigen wieder mit dem feuchten Tuch bedecken. Jeweils 1 TL Füllung mittig auf ein diagonales Dreieck des Teig-Quadrates setzen. Die Teigränder mit etwas Wasser anfeuchten. Das zweite Dreieck über die Füllung klappen und die Ränder fest andrücken. Mit den restlichen Teigblättern genauso verfahren.

7 Das Öl im Wok erhitzen. Die Taschen darin portionsweise in 2–3 Min. frittieren. Mit einer Schaumkelle herausheben und auf Küchenpapier entfetten. Wan-Tan-Taschen noch heiß mit Chilisauce servieren.

BLUMENKOHL-WOK MIT ORANGEN-REIS

500 g Blumenkohl
1 Knoblauchzehe
1 Stück Ingwer (ca. 2 cm lang)
1 TL Chiliflocken
2 EL Reisessig
1 Zwiebel
1 Bio-Orange
3 EL Erdnussöl
½ TL gemahlener Kreuzkümmel
150 g Jasmin-Reis
Salz
1 ½ EL Kakaopulver
1 EL Sojasauce
1 TL Ahornsirup
1 EL gehackte Pistazienkerne
–
Für 2 Personen
40 Min. Zubereitung
Pro Portion ca. 550 kcal

1 Den Blumenkohl putzen, waschen und in mundgerechte Röschen teilen. Den dicken Strunk schälen und in 5 mm breite Scheiben schneiden. Den Knoblauch und den Ingwer schälen und fein hacken, dann mit Chiliflocken und 1 EL Reisessig mischen.

2 Die Zwiebel schälen und würfeln. Die Orange heiß waschen, abtrocknen, 1 EL Schale abreiben und den Saft auspressen (ca. 80 ml). 1 EL Öl in einem Topf erhitzen und die Zwiebelwürfel darin glasig dünsten. Zwiebel mit Kreuzkümmel bestäuben, den Reis zugeben und 1 Min. mitbraten. 250 ml Wasser, den ausgepressten Orangensaft und ½ TL Salz dazugeben und den Reis zugedeckt in ca. 15 Min. garen. Dann die abgeriebene Orangenschale unterrühren.

3 Die restlichen 2 EL Öl im Wok erhitzen. Den Blumenkohl hineingeben und 7 Min. bei starker Hitze rösten, bis der Kohl gebräunt ist, dann mit Kakaopulver bestäuben. Die Chili-Ingwer-Knoblauch-Mischung unterrühren. 6 EL Wasser hinzugießen und den Kohl zugedeckt in ca. 5 Min. bei schwacher Hitze bissfest garen. Sojasauce, den restlichen EL Reisessig und den Ahornsirup unterrühren. Den Blumenkohl auf zwei Teller verteilen, mit gehackten Pistazien bestreuen und mit dem Orangen-Reis anrichten.

Meine Zauberformel

für »Zero Waste«

Die ausgepressten Orangenhälften vierteln und zusammen mit dem Reis kochen. Der Reis gewinnt dadurch zusätzliches Orangen-Aroma. Nach dem Garen die Schalen aus dem Reis nehmen.

Meine Prise Magie

für maximales Aroma

Beim »Food Pairing« von Blumenkohl und Kakao sorgen ähnliche Aromastrukturen für ein harmonisches Geschmackserlebnis. Für noch mehr Würze den Blumenkohl außer mit Kakaopulver noch mit je 1 TL gemahlenem Kreuzkümmel, Koriander sowie edelsüßem Paprikapulver bestäuben und anbraten.

ITALO-BAMIGORENG CAPRESE-STYLE

Meine Zauberformel

für mehr Aroma

Für den ultimativ-würzigen Kick ein asiatisches Pesto unterrühren: Hierfür die Blätter von ½ Bund Thai-Basilikum, 1 geschälte und grob zerkleinerte Knoblauchzehe, 40 ml Olivenöl, 1 Prise Salz und Pfeffer mit dem Pürierstab fein pürieren und mit dem Nudel-Wok mischen.

150 g asiatische Weizennudeln
Salz
1 Knoblauchzehe
1 Stück Ingwer (ca. 2 cm lang)
200 g Zucchini
200 g Aubergine
2 Frühlingszwiebeln
2 EL Sojasauce
2 EL Ketjap Manis
1 TL Ahornsirup
100 g Seidentofu
1 Tomate
10 große Thai-Basilikumblätter
Pfeffer
20 g Pinienkerne
2 EL Erdnussöl
1 TL Chiliflocken
–

Für 2 Personen
35 Min. Zubereitung
Pro Portion ca. 540 kcal

1 Die Nudeln nach Packungsanweisung in Salzwasser bissfest kochen, in ein Sieb abgießen, kalt abschrecken und abtropfen lassen.

2 Knoblauch und Ingwer schälen, fein hacken. Zucchini und Aubergine putzen, waschen und in 6 cm lange Stifte schneiden. Frühlingszwiebeln putzen, waschen und in 6 cm lange Streifen schneiden. Sojasauce, Ketjap Manis und Ahornsirup verrühren.

3 Den Seidentofu abtropfen lassen und würfeln. Die Tomate waschen, vom Stielansatz befreien und ca. 1 cm groß würfeln. Die Thai-Basilikumblätter waschen, trocken schütteln und in Streifen schneiden. Tofu, Tomate und Basilikum vorsichtig mischen und mit Salz und Pfeffer abschmecken.

4 Die Pinienkerne im Wok ohne Fett bei mittlerer Hitze unter ständigem Rühren rösten, bis sie anfangen zu duften, dann auf einen Teller schütten.

5 Das Öl im Wok erhitzen. Knoblauch, Ingwer und Chiliflocken darin unter Rühren 1 Min. anbraten. Zucchini- und Auberginenstifte dazugeben und 5 Min. mitbraten. Die Frühlingszwiebeln und den Saucen-Mix unterrühren. Die Nudeln unterheben und alles bei schwacher Hitze 1 Min. zugedeckt ziehen lassen. Bamigoreng mit Pfeffer abschmecken, auf zwei Tellern anrichten, die Seidentofu-Tomaten-Mischung darauf verteilen und die Pinienkerne darüber streuen.

WURZELGEMÜSE-WOK MIT ZITRUS-LINSEN

2 schwarze Limetten
150 g Berglinsen
1 Stück Ingwer (ca. 2 cm lang)
1 Grapefruit
2 EL süßsaure Chilisauce
Salz | Pfeffer
1 rote Zwiebel
100 g Möhren
100 g Pastinaken
200 g Rote Bete
1 EL Erdnussöl
1 EL Garam Masala
1 TL rote Currypaste
250 ml Gemüsebrühe
100 g Kokosmilch
1 EL Limettensaft
–
Für 2 Personen
40 Min. Zubereitung
Pro Portion ca. 480 kcal

IT'S MAGIC!

Für schwarze Limetten Bio-Limetten waschen, in einem Topf mit Salzwasser (1 EL Salz pro 100 ml) bedecken, aufkochen und 10 Min. köcheln. Limetten abgießen, 3 Wochen auf der Heizung trocknen, seitlich 2 cm tief einschneiden, weitere 5 Tage trocknen.

1 Die schwarzen Limetten mehrmals rundum mit einem spitzen Messer einstechen und zusammen mit den Linsen nach Packungsanweisung garen. Inzwischen den Ingwer schälen und fein hacken, die Hälfte davon zu den Linsen geben.

2 Die Schale der Grapefruit samt der weißen Haut abschneiden. Die Grapefruitfilets mit einem scharfen Messer zwischen den weißen Trennwänden herauslösen, in Stücke schneiden und 2 Min. vor Garzeitende zu den Linsen geben. Zum Schluss die schwarzen Limetten ausdrücken und aus den Linsen entfernen. Die süßsaure Chilisauce unterrühren und die Linsen mit Salz und Pfeffer abschmecken.

3 Während die Linsen garen, die Zwiebel schälen, halbieren und in Streifen schneiden. Möhren und Pastinaken putzen, schälen und in 4 mm breite Scheiben schneiden. Rote Bete putzen, schälen und ca. 1 cm groß würfeln.

4 Erst den Wok, dann das Öl darin erhitzen. Zwiebelstreifen, restlichen Ingwer, Möhren, Pastinaken und Rote Bete darin 6 Min. anbraten. Garam Masala und Currypaste einrühren und 15 Sek. mitbraten. Das Gemüse mit Brühe ablöschen und zugedeckt 8 Min. garen. Dann Kokosmilch und Limettensaft unterrühren. Den Wurzelgemüse-Wok zusammen mit den Linsen auf zwei Tellern anrichten.

Meine Zauberformel

für mehr Know-how

Bitterstoffe erobern sich den Weg in unsere Küchen. Sie enthalten jede Menge sekundäre Pflanzenstoffe und haben einen positiven Einfluss auf unsere Verdauungsorgane. Und auch Grapefruits zählen dazu, inklusive der weißen Haut. Deshalb »das Weiße« nicht wegwerfen, sondern klein hacken und mit den Grapefruitstücken kurz vor Garzeitende unterrühren.

WEISSKOHL-WOK MIT REIS-BÄLLCHEN

1 Zwiebel
100 g Kleb-Reis
1 Stück Ingwer (ca. 4 cm lang)
1 Knoblauchzehe
300 g Weißkohl
½ Stange Lauch
1 rote Paprika
1 Bio-Orange
1 EL Erdnussöl
1 EL geröstetes Sesamöl
1 TL rote Currypaste
500 ml Gemüsebrühe
1 TL Misopaste
2 TL Speisestärke
Salz | Pfeffer
1 Bund Koriandergrün
–
Für 2 Personen
40 Min. Zubereitung
Pro Portion ca. 400 kcal

IT'S MAGIC!

Um den Kohl vor Austrocknung zu bewahren, bohrt man am besten ein Loch in den Strunk und stopft dieses mit feuchtem Küchenpapier. Das Papier sollte anschließend feucht gehalten werden. Der Kohl kann so über mehrere Wochen im Kühlschrank gelagert werden.

1 Die Zwiebel schälen und fein reiben. Den Reis in einem Sieb kalt abspülen. Reis, Zwiebel und 200 ml Wasser in einem Topf aufkochen, offen bei schwacher Hitze 20 Min. köcheln, vom Herd nehmen und den Reis noch 10 Min. quellen lassen.

2 Inzwischen Ingwer und Knoblauch schälen und fein würfeln. Kohl putzen, waschen und in feine Streifen schneiden. Lauch putzen, waschen, in 6 cm lange Stücke und diese längs in Streifen schneiden.

3 Die Paprika waschen, längs halbieren, von weißen Trennwänden und Kernen befreien und in Streifen schneiden. Orange heiß waschen, abtrocknen und 1 EL Schale abreiben.

4 Beide Öle im Wok erhitzen. Die Hälfte des Ingwers und des Knoblauchs darin glasig dünsten. Weißkohl, Lauch und Paprika dazugeben und ca. 7 Min. bei mittlerer Hitze unter Rühren braten. Currypaste 15 Sek. mitbraten. Brühe und Misopaste einrühren. Das Gemüse 2 Min. bei schwacher Hitze zugedeckt ziehen lassen.

5 Inzwischen den Reis mit restlichem Ingwer und Knoblauch sowie der Stärke mischen, salzen und pfeffern. Koriander waschen, trocken schütteln, Blättchen abzupfen, grob hacken und die Hälfte unter die Reismasse rühren. Mit geölten Händen zwölf Bällchen formen, mit in den Wok legen und 1 Min. ziehen lassen. Restlichen Koriander aufstreuen.

Meine fantastische Idee

für perfekten Ersatz

Statt Kleb-Reisbällchen sind asiatische »Oat Balls« eine schnelle Alternative. Hierfür 80 g zarte Haferflocken und die geriebene Zwiebel mit 100 ml heißer Gemüsebrühe übergießen und 10 Min. quellen lassen. Speisestärke, Ingwer und Koriander unterrühren. Die Masse mit Salz und Pfeffer würzen und mit bemehlten Händen daraus zwölf Bällchen formen.

Vegan Vibes

AUS DER WUNDERBAREN WELT DER TOPPINGS

BEST BASICS MIT EXTRA VIEL CRUNCH

Geröstete Nüsse, Kerne, Saaten und Samen peppen nicht nur jedes Wok-Gericht auf, sondern sind zudem gesund, lecker und super schnell gemacht. Neben dem tollen Geschmack haben sie den Vorteil, dass sie für eine **gehörige Portion Crunch** sorgen und in unzählig vielen Varianten und Würzungen hergestellt werden können.

AROMA PUR UND JEDE MENGE PROTEIN

Kerniges und Körniges lässt sich problemlos im Wok rösten und entfaltet dabei so richtig Aroma. Zudem enthalten **Nüsse, Kerne & Co.** einen Cocktail an wertvollen Nährstoffen wie Proteine, ungesättigte Fettsäuren und Mineralstoffe. Zusammen mit Gewürzen, getrockneten Kräutern, Chili, Knoblauch und abgeriebener Bio-Zitrusfruchtschale lassen sich so hocharomatische Würz-Kombis herstellen.

WIE GENAU FUNKTIONIERT´S?

Walnuss- oder Haselnusskerne oder Mandeln und Cashews werden grob gehackt, in wenig Öl zusammen mit Ingwer, Knoblauch und Chili **geröstet** und nach Belieben mit Kreuzkümmel, Koriander, Curry sowie getrockneten Kräutern gewürzt. Das Öl ermöglicht dabei nicht nur eine bessere Entfaltung der fettlöslichen Aromen, sondern auch, dass die Gewürze besser an den Kernen haften bleiben.

ACH WAS – DIE KÖNNEN AUCH TOPPING?

Zu den Global Playern in der großen Welt der Toppings gehören auch Kichererbsen, die gegart und geröstet für das **»Crispy Finish«** eines Wokgerichts sorgen. Und – was ungewöhnlich klingt, aber erstaunlicherweise gut klappt – auch ungekochter Buchweizen und rohe Reiskörner lassen sich in Öl rösten und beliebig würzen. Besonders stylish und crunchy: rohe in Öl frittierte und gewürzte Glasnudeln.

PASTINAKEN-APRIKOSEN-WOK MIT GOLDENEM REIS

40 g getrocknete Aprikosen
1 Vanilleschote
4 EL Erdnussöl
1 EL Ahornsirup
1 EL Limettensaft
40 ml Orangensaft
½ TL Zimtpulver
1 TL Chiliflocken
2 EL Kokosraspel
1 TL gemahlene Kurkuma
150 g Basmati-Reis
Salz
400 g Pastinaken
2 Knoblauchzehen
1 Stück Ingwer (ca. 2 cm lang)
Pfeffer
–
Für 2 Personen
45 Min. Zubereitung
Pro Portion ca. 720 kcal

1 Die Aprikosen klein würfeln. Die Vanilleschote längs aufschneiden und das Mark herauskratzen. Aprikosen, Vanillemark, 1 EL Öl, Ahornsirup, Limetten- sowie Orangensaft, Zimt und Chiliflocken verrühren.

2 1 EL Öl im Topf erhitzen. Die Kokosraspel darin 45 Sek. anrösten und mit Kurkuma bestäuben. Den Reis unterrühren, 300 ml Wasser und ½ TL Salz zugeben, aufkochen und zugedeckt ca. 20 Min. bei schwacher Hitze köcheln lassen.

3 Inzwischen die Pastinaken putzen, schälen und in fingerdicke Stifte schneiden. Den Knoblauch und den Ingwer schälen und fein würfeln. Die restlichen 2 EL Öl im Wok erhitzen und die Pastinaken darin ca. 8 Min. unter Rühren bei mittlerer Hitze goldbraun rösten. Mit Salz und Pfeffer würzen, 6 EL Wasser angießen und alles ca. 8 Min. zugedeckt bei schwacher Hitze weitergaren. Die Aprikosen-Zimt-Vanillesauce unterrühren. Den Pastinaken-Wok mit dem goldenen Reis anrichten.

Meine fantastische Idee

für mehr Know-how

Beim Würzen mit Kurkuma auch immer 1 Prise schwarzen Pfeffer hinzugeben. Denn Pfeffer enthält eine Substanz namens Piperin, die bei der Absorption des in Kurkuma enthaltenen entzündungshemmenden Stoffes Curcumin hilft.

KÜRBIS-APFEL-WOK MIT INGWERGRAUPEN

IT'S MAGIC!

Um einen Kürbis zu zerlegen, ist meist Muskelkraft gefragt. Mit einem einfachen Trick geht es jedoch viel schneller: Den Backofen auf 150° vorheizen, den Kürbis auf ein Backblech legen und im heißen Ofen 20–30 Min. durchwärmen. Danach lässt er sich leichter mit dem Messer schneiden.

400 g Äpfel
3 EL Erdnussöl
2 Sternanis
300 ml Apfelsaft
1 Stück Ingwer (ca. 3 cm lang)
150 g Gerstengraupen
Salz
1 Knoblauchzehe
1 frische rote Chilischote
400 g Hokkaido-Kürbis
½ TL gemahlener Kreuzkümmel
1 TL gemahlener Koriander
2 EL Sojasauce
3 EL Ahornsirup
1 TL geröstetes Sesamöl
1 EL Limettensaft
200 g Kokosmilch
½ Bund Koriandergrün
–
Für 2 Personen
50 Min. Zubereitung
Pro Portion ca. 780 kcal

1 Die Äpfel waschen, vierteln, von den Kerngehäusen befreien und ungeschält in ca. 2 cm große Stücke schneiden. 1 EL Öl im Wok erhitzen. Die Äpfel und den Sternanis zugeben und 5 Min. anbraten. 200 ml Apfelsaft dazugießen und 5 Min. zugedeckt köcheln lassen. Die Apfelmischung in eine Schüssel geben und zugedeckt ziehen lassen.

2 Den Ingwer schälen und würfeln. 1 EL Öl in einem Topf erhitzen und den Ingwer darin ca. 1 Min. anbraten. 450 ml Wasser hinzugießen, die Graupen und ½ TL Salz dazugeben, aufkochen und offen bei schwacher Hitze 20 Min. garen.

3 Knoblauch schälen und würfeln. Chilischote waschen, putzen, längs halbieren, von weißen Trennwänden und Kernen befreien und in Streifen schneiden. Den Hokkaido-Kürbis waschen, entkernen und dann in 1 × 2 cm große Stücke schneiden. Restlichen EL Öl im Wok erhitzen. Knoblauch und Chili darin 1 Min. anbraten.

4 Chili und Knoblauch mit Kreuzkümmel und Koriander bestäuben. Kürbis dazugeben und 5 Min. bei mittlerer Hitze unter Rühren mitbraten. Restlichen Apfelsaft (100 ml) zugießen und den Kürbis zugedeckt in ca. 7 Min. weich garen.

5 Sojasauce, Ahornsirup, Sesamöl und Limettensaft mischen und unterrühren. Die Apfel-Sternanis-Mischung zusammen mit der Kokosmilch unterheben und alles 1 Min. offen weiterköcheln. Koriander waschen, trocken schütteln und die Blättchen abzupfen. Kürbis-Apfel-Wok und Graupen anrichten und mit Korianderblättchen bestreuen.

Register

O/P

R

S

T

W

Z

AUTORIN UND FOTOGRAFIN

dieses veganen Wokwirbels

HILDEGARD MÖLLER

... ist Ökotrophologin, Foodjournalistin und Autorin vieler Kochbücher – sie schreibt und kocht mit Leidenschaft. In ihren teils vegetarischen, veganen und auch preisgekrönten Büchern überrascht die in Münster lebende Food-Autorin und passionierte Köchin immer wieder mit magischen Geschmackskombinationen. In ihrer Freizeit geht sie gern auf Reisen lässt sich von den Küchen der Welt inspirieren.

JULIA HOERSCH

... ist eine vielfach ausgezeichnete Fotografin, die seit vielen Jahren in Hamburg für zahlreiche renommierte Magazine, Agenturen und Buchverlage arbeitet. Zusammen mit Anne Haupt und Hege Marie Köster (Foodstyling) und Christine Mähler (Requisite) setzte sie die veganen Wok-Rezepte stimmungsvoll – geradezu magisch! – in Szene.

APPETIT AUF MEHR?

ISBN 978-3-8338-7875-6

ISBN 978-3-8338-7892-3

ISBN 978-3-8338-6620-3

ISBN 978-3-8338-4039-5

ISBN 978-3-8338-7556-4

ISBN 978-3-8338-7571-7

Alle hier vorgestellten Bücher sind auch als eBook erhältlich.

G|U

Mehr von GU auf **www.gu.de** und **facebook.com/gu.verlag**

Impressum

GU ist eine eingetragene Marke der GRÄFE UND UNZER VERLAG GmbH, www.gu.de

ISBN 978-3-8338-8440-5
1. Auflage 2022

Projektleitung: Alessandra Redies
Lektorat: Cora Wetzstein
Korrektorat: Adriane Andreas
Gesamtgestaltung: ki36 Editorial Design, Sabine Krohberger, München
Herstellung: Linda Wiederrecht
Satz: Reemers Publishing Services GmbH
Reproduktion: medienprinzen GmbH
Druck + Bindung: Firmengruppe APPL, aprinta druck, Wemding
Printed in Germany

Bildnachweis:
Stockfood/Dirk Olaf Wexel: Coverfoto;
PicturePeople: Autorinnenporträt S. 04;
Vivi D'Angelo: Still S. 58;
Julia Hoersch: alle anderen Fotos im Innenteil;
Noun Project: Piktogramme S. 04–05, 35, 55

Umwelthinweis:
Nachhaltigkeit ist uns sehr wichtig. Der Rohstoff Papier ist in der Buchproduktion hierfür von entscheidender Bedeutung. Daher ist dieses Buch auf PEFC-zertifiziertem Papier gedruckt. PEFC garantiert, dass ökologische, soziale und ökonomische Aspekte in der Verarbeitungskette unabhängig überwacht werden und lückenlos nachvollziehbar sind.

Syndication: www.seasons.agency

Die GU-Homepage finden Sie unter
www.gu.de

GRÄFE UND UNZER
Ein Unternehmen der
GANSKE VERLAGSGRUPPE

QUALITÄTS GU GARANTIE

LIEBE LESERINNEN UND LESER,

wir wollen Ihnen mit diesem Buch Informationen und Anregungen geben, um Ihnen das Leben zu erleichtern oder Sie zu inspirieren, Neues auszuprobieren. Wir achten bei der Erstellung unserer Bücher auf Aktualität und stellen höchste Ansprüche an Inhalt und Gestaltung. Alle Anleitungen und Rezepte werden von unseren Autoren, jeweils Experten auf ihren Gebieten, gewissenhaft erstellt und von unseren Redakteur*innen mit größter Sorgfalt ausgewählt und geprüft.

Haben wir Ihre Erwartungen erfüllt? Sind Sie mit diesem Buch und seinen Inhalten zufrieden? Wir freuen uns auf Ihre Rückmeldung. Und wir freuen uns, wenn Sie diesen Titel weiterempfehlen, in Ihrem Freundeskreis oder bei Ihrem Online-Kauf.

Sollten wir Ihre Erwartungen so gar nicht erfüllt haben, tauschen wir Ihnen Ihr Buch jederzeit gegen ein gleichwertiges zum gleichen oder ähnlichen Thema um.

KONTAKT ZUM LESERSERVICE

GRÄFE UND UNZER VERLAG
Grillparzerstraße 12
81675 München
www.gu.de